三好真史

話し合いが
もっと深まる！
盛り上がる！

指名なし討論入門

フォ

はじめに

どんな授業でも、「話し合い」の時間はあるものです。
自分の意見を持ち、それを伝えて、友達の意見を聞いて、さらに考えを深めていく……
そんな授業づくりが理想的です。

では、どうでしょう。
あなたの授業で、子どもは活発に意見を出しますか。
その話し合いに深まりはあるでしょうか。

「なんだか、子どもの話し合いに熱が入らない」
「話し合ってはいるけど、深まりがない」
「上辺だけの話し合いで、子どもたちが眠そうだ」

話し合いの授業について悩みを抱えているのであれば、オススメしたい方法がありま
す。それが、「指名なし討論」です。

指名なし討論では、名前の通り、子どもたちが教師から指名されることなく、自由に立ち上がって討論します。

子どもたちだけで話し合いが進行していくのです。


ちょっと考えてみてください。

私たちの普段やっている話し合いだって、誰かに指名されてから話し出すことなんて、なかなかありませんよね。

タイミングを見て言葉を発して、意見を交わし合うはず。

指名なし討論は、そんな「日常的な話し合い」の形にとてもよく似ているのです。

指名なし討論をすれば、活発な議論が交わされるようになります。

国語や道徳、社会など、幅広い教科で実施することが可能です。


ただ、教師としての立場から見てみると、「なんだか難しそう」という印象がぬぐえないもの。

そこで本書では、スモールステップで指名なし討論を実現させる方法を提案します。

本書のやり方で進めていけば、どんな学級でも確実に指名なし討論ができるようになることでしょう。よりイメージが伝わりやすいように、イラストやマンガを交えながら説明しています。

この本では、指名なし討論が「わかる」「できる」「身につく」のステップの最後までたどり着けるように設計しています。楽しみながらページをめくっていきましょう。この本を読み切るときには、きっと新しい授業スタイルを作り出す力を身につけているはずです。

さあ、子どもたちがワクワクする創造的な話し合い活動を、指名なし討論で実現してみようではありませんか。

もくじ

はじめに……2
もくじ……5

【1章】そもそも指名なし討論とは？

ｓｔｏｒｙ１……10
指名なし討論とは？……16
指名なし討論の長所……18
討論が育てる批判的思考……24
各教科での指名なし討論の活用場面……26
指名なし３種類……32
コラム１　「討論」と「討議」……35

【2章】指名なし討論の進め方

ｓｔｏｒｙ２……38
討論授業を進める10ステップ……40
ステップ１　教材について知る
ステップ２　教師が発問する
ステップ３　立場を明らかにする
ステップ４　自分の考えを書く

ステップ5　ペアやグループで話し合う
ステップ6　人数の少ない立場が発表する
ステップ7　人数の多い立場が発表する
ステップ8　自由に討論する
ステップ9　討論をまとめる
ステップ10　感想を書く
コラム2　ジェンダーとオリンピック……55

【3章】指名なし討論を指導する

ｓｔｏｒｙ３……60
指名なし討論をうまく進めるための3つの考え方……63
考え方1　「それほど発表したくない内容」から始める
考え方2　小規模グループ↓大規模グループへ
考え方3　ゲーム性を持たせる

【4章】教師の役割

ｓｔｏｒｙ４……70
教師の4つの役割……72
役割1　考えるヒントを出す

役割２　討論の進路を修正する
役割３　ペアで消化させる
役割４　板書にまとめる
コラム３　ほめるタイミング……80

【5章】討論の質を高める

ｓｔｏｒｙ５……82
可視化ツールを使用する……84
交流を豊かにする……86
メモをとる……89
討論の言葉を育てる……92
コラム４　「べき」の有効活用……102

【6章】時間配分

1時間で授業する場合……104
2時間で授業する場合……105
3時間で授業する場合……107

コラム5　複数の意見のまとめ方 …… 110

【7章】トラブル対応

意見が出ないとき ↓ ジッと待つ　他 …… 112
コラム6　相互指名のメリットとデメリット …… 127

【8章】指名なし討論　テーマ例ベスト40選

ウォーミングアップ編 …… 130
入門編 …… 131
中級編 …… 132
上級編 …… 133
コラム7　場のつくり方 …… 134
ｓｔｏｒｙ６ …… 136
終わりに …… 137

1章

そもそも指名なし討論とは？

story 1
この話し合いは、いったい何？
物語を通じてごんの気持ちはどのように変わったのでしょうか？
4年2組
担任　河合先生
シーン
では田中さん
はじめは兵十のことを何とも思っていなかったけど
自分と同じひとりぼっちなんだと気づいて同情するようになったのだと思います

指導書通りの授業
何もまちがってはいないはず――
でも…子どもたちの眠そうな表情…
ふあ～…
ほかの意見はありますか？
本当に、これでいいのかなぁ？
…………
キーンコーンカーンコーン
でもそれは――

私は『やまなし』の話のなかで、カワセミが死、やまなしは生を表しているのだと考えました
田中さんはどういうことを根拠にそう言っているのですか？

えっ？！

何この授業――！？

先生が指名してない
でも、それは――

子どもが自主的に立ち上がってる！

表情が生き生きしてる！！

私の授業とは全く違う…
放課後
手本先生！
あれは何ですか？！
どういう発表をやってるんですか！？
ばあん!!
ああ、あれは「指名なし討論」だよ
6年1組
担任　手本先生

指名なし討論…？
普段の私たちの話し合いで「挙手して意見を言う」なんてこと、ほとんどないだろう？
確かに会議くらいですかね…
できる限り普段の話し合いのような形で話し合う
指名されずに討論する
それが「指名なし討論」なんだよ
そ、それは…
やってみたいです！

指名なし討論ができるようになるには大まかに言うと3つの段階があるんだ
指名されずに音読する
指名なし音読
指名されずに意見を発表する
指名なし発表
そして、さっき見た指名されず討論する
指名なし討論
む、難しそうですね……
大丈夫！
よし、じゃあ一緒にやってみようか
ハイ！

指名なし討論とは？

》指名なし討論で、「対話」が活性化する

さて、マンガを見て、どう思われたでしょうか。


「そんな話し合いの方法があるの？」

「ちょっと信じられない」

「実現不可能に決まっている！」


そんな風に、驚かれた方もいるかもしれません。

でも、実現可能な授業方法です。

この話し合いが「指名なし討論」と呼ばれる話し合いの方法です。

指名なし討論は、子どもたちが教師から指名されることなく、自由に立ち上がって討

論する授業方法です。ときには質問して、反論して……エネルギッシュな授業展開を望むことができる、画期的な授業スタイルです。

教師はほとんど口をはさまず、子どもたちの意見だけで話し合いが進められていきます。

指名なし討論とは、１９８０年代から始まった教育技術法則化運動時代に広く普及した方法です。当時は「教師５年の技」「授業技術の最高峰」「黒帯の芸」などと呼ばれていました。いってみれば、多くの教師の憧れの授業技術だったのです。

ただ、取り組み方の難しさから、現在となっては、あまり見られなくなってきました。

しかし、現代では、授業内における「対話」が求められるようになってきています。

指名なし討論の必要性は高まってきているのではないか。私には、そう感じられます。

　特に現在の学習指導要領では、子どもたちの資質・能力の向上が謳《うた》われています。討論の授業を主体にすると、討論をしているうちに、読まないと分からないとか、書いてみないと分からないとか、調査しないと分からないということになり、諸々の活動が、子ども自身から生まれやすくなります。子ども自身が、「学びたいもの」や「学ばなくてはならないもの」を見つける姿勢を身につけることができます。

　このように討論は、資質・能力の向上の手段として、最上の手段の１つということができるでしょう。

指名なし討論の長所

》指名なし討論には3つの良さがある

指名なし討論には、従来の「挙手・指名方式」の話し合い方法には見られることのない、独自の良さがあるのです。

さて、それでは、指名なし討論にはどのような良さがあるのでしょうか。

指名なし討論のメリットを3つにまとめてみました。

メリット1　自然な話し合いに近くなる

私たちが普段話し合いをするときに、「挙手と指名」はあるでしょうか。たとえば、カフェで友達と話しているときに、誰かが挙手しますか？

しませんよね。

議会や、職員会議など、正式な場とされるところならば、あるのかもしれません。

でも、それ以外の場であれば、挙手することなく、タイミングを読んで自分の意見を出して、それで話し合いを進めていくことでしょう。「挙手・指名」というのは、正式な感じはあるけれども、自然な話し合いではないといえます。

その点でいうと、指名なし討論は、かなり自然な話し合いに近いものです。指名されることなく、タイミングを見計らって意見を出す。

まさに、私たちが日常の中で行う話し合いの形態とよく似ているのです。話し合いの学習方法として、このうえない価値を持つといえるでしょう。

メリット２　短い時間で大量の意見が交わされる

指名なし討論は、短時間で意見が大量に交わされるのが特徴です。２分間もあれば、40人学級でも全員が意見を言うことが可能です。

どうしてそれほどたくさん意見が交わされるのか。

それは、１回あたりの発表の時間が短いからなのです。

ためしに、挙手指名の場合と比較してみましょう。

挙手指名であれば、通常、次のように話し合いが進んでいきます。

教　師「この問題について、どう思いますか。（教師が全体を見回す）○○さん」
子ども「ハイ。（イスを引いて立ち上がる）
　　　私は○○だと思います。理由は、△△だからです」
教　師「なるほど。それはいい意見ですね。ほかの考えはありますか。○○さん」
子ども「ハイ。僕は～」

一方で、指名なし討論だと、どうでしょうか。

子ども「私は○○だと思います。理由は、△△だからです」
子ども「僕は～」

さて、どの時間がなくなったのか、お分かりいただけたでしょうか。

- 教師が挙手している子どもを見る時間
- 教師が子どもの名前を呼ぶ時間
- 子どもが返事をする時間

・**立ち上がるのを待つ時間**
・**教師が一言述べる時間**

指名なし討論になると、これら5つの時間が省略されるのです。

「ほんの数秒のことじゃないか」と思われるかもしれません。

いえいえ、違うのです。確かに、これらの項目を合わせてみると、１回の発表につきほんの５秒縮まったくらいのことかもしれません。

でも、この発表が授業内で30回くり返されれば、どうなるのでしょう。

それだけで、５秒×30回ということで、１５０秒。

なんと、２分30秒ほどの時間確保になります。浮いた時間の分、さらに多くの子どもが意見を交わせるようになるというわけです。

さらにいえば、これらの時間が削減されることで、話し合いに勢いが生まれます。

不要な部分が除かれることで、臨場感が生まれるのです。

テンポよく、リズムよく、大量に子どもの意見が出されていく。それが指名なし討論なのです。

メリット3　教師の意図が加わらない

子どもの対話に教師の意図が加わらないこと。これが、指名なし討論の大きなメリットです。

対話というのは、「言葉のキャッチボール」と言われます。話す相手と向かい合って、言葉に自分の考えや思いをのせて、互いにやりとりするのです。日常会話では、子どもたちは会話を大いに楽しんでいます。

しかし、授業になると、対話のあり方が大きく変わります。

積極的に発言する何人かの子どもと、不安と緊張の混じった表情でボソボソとしか発言しない子どもに分かれていきます。

原因はいろいろと考えられますが、その1つは、「発言がいつも教師の評価にさらされる仕組みになっていること」が挙げられます。

教師は子どもの発表を聞きながら、「なるほど」とか「よく考えましたね」とか述べます。教師も悪気があるわけではなく、むしろ「子どもの思いを受け止めよう」としてそうしているのですが、ここでの教師の発言が問題なのです。その言葉とか表情には、教師の何らかの思いが表れてしまうのものだからです。発言に対する「誤答判定機能」

のようなものが、強く働いてしまうのです。

こうなると、子どもたちは、自分の話が友達に受け入れられるかよりも、教師がどのように正誤の判断をするのかを気にすることになります。「あ、先生は、このような意見を求めているのだな」「正解は、おそらくこっちだろう」というように、子どもは教師の反応をよく見るようになります。子どもが授業中に話すとき、その視線が友達に対してではなく、教師に向けられていくのは、このためなのです。

このように、教師は意図しないうちに、「話し合いの審判」みたいな役割を果たしてしまっているのです。

その点でいえば、指名なし討論は、教師の評価を入れる必要がありません。発表と発表の間でも、教師はほとんど口をはさみません。**教師による評価を抜きにして、対話を進めることができます。**子どもが「自分たちで話し合うことができた」と達成感を覚えることもできるのです。

いかがでしょうか。

「指名なし討論って、すごいじゃないか！」と思えてきましたか？

さあ、指名なし討論の世界へ、どんどん入り込んでみましょう！

討論が育てる批判的思考

》討論の教育的効果

では、なぜ討論が教育に必要なのか。ここでは討論の教育的効果について考えましょう。

討論は、子ども一人ひとりの知力を最大限に活かす授業形態です。討論の過程では、「話す」「聞く」「読む」「書く」など、さまざまな言語活動が要求されます。

討論し合って自分の考えをふくらませたり、軌道修正したりすることは、学習方法として意義深いものです。

討論の授業の中で、子どもに求められる力をまとめると、次のようになります。

- 自分の考えを論理的に組み立てる。
- 相手の考えを聞き、自分の考えと関連づけながら受け止める。
- 説得するために論理的に話す。

・情報を取捨選択し、言葉にこだわる。

討論の授業を展開することは、思考力・判断力・表現力を育成し、子どもを主体として多様な言語活動を駆使した授業への転換を図るものといえるでしょう。

》勝ち負けの勝負ではない

討論は、勝ち負けを競うものではありません。ディベートであれば、相手の論の隙を突き、打ち負かすようなこともあるでしょう。

でも、討論というのは、現状で正しい事実は何かということを、皆でともに明らかにしていく過程なのです。だから、討論の後に残るのは、勝ち負けではなくて、正しい事実を知ったという安堵感が両者に感じられるものです。

「討論は、勝負ではない。事実を明らかにする過程である」

このことについて、子どもたちにも、くり返し伝えるようにしたいところです。

各教科での指名なし討論の活用場面

》討論しやすい3教科

「討論をする」といえば、国語での討論の授業を思い浮かべがちなものです。しかし、討論をするのは、もちろん国語を含むのですが、それればかりではありません。オススメの教科は、**国語・社会・道徳**です。

活発な討論が行われるためには、３つの条件があります。

①意見が二分される
②既習していても答えが分からない
③正解が1つではない

国語・社会・道徳は、これらの討論の条件を満たしやすいのです。

では、どのような討論授業をやるのか、順番に見ていきましょう。

国語は「物語の解釈」で

国語では、「話すこと・聞くこと」に関する単元があるので、ここで指名なし討論を実施することができます。また、物語単元でも実施することができます。物語文の解釈は人によって異なるため、この点で議論することができます。

例・この話の季節は春である。賛成か反対か。
・登場人物の気持ちが大きく変わったのはどの文か。
・「やまなし」が表しているのは、生か死か。

社会は「一般社会で議論されている問題」で

社会は、社会的な問題について考えることができます。民主社会では、社会的関係性を認識すると同時に、人と相互に関係しあえる能力が重要です。一般社会でも二分するようなテーマが扱えるので、知的な討論が交わされます。

例・縄文人と弥生人、どちらが幸せか
・外国人労働者を積極的に受け入れるべきか
・日本国憲法第9条を改正するべきか
・国会は参議院を廃止して一院制にするべきか

ただし、授業での討論がいかに活発に展開されたとしても、そのことによって、各自の歴史認識が発展しなければ意味がありません。討論を終えた後には、ミニレポートなどに取り組み、自分の説や意見をどのように発展させたのかを総括します。

道徳は「モラル・ジレンマ教材」で

道徳は、その内容が「自分ごと」として考えやすい。実体験なども根拠として持ち出されるため、議論がかなり白熱します。

特に扱いやすいのは、モラル・ジレンマ教材です。

モラル・ジレンマとは、背反する２つの命題において究極の選択肢を迫られるときに発生する葛藤のことです。

たとえば、４年生の道徳で「絵はがきと切手」というお話があります。

「友達である正子から絵はがきが届くけれども、料金不足で、自分が支払わなくてはならない。このことを、友達である本人に伝えるべきかどうか」

この場合であれば、「料金不足を伝える」のも「伝えずにお礼だけ言う」というのも、どちらも間違いではありません。子どもたちは自分ごととして考えて、どう行動すべきかを話し合います。

≫算数・理科でも実施はできるが難しい

算数で実施する場合は、主に導入部分で用いることが中心になります。

たとえば、次のような課題が考えられます。

・Aさんは、牛乳を朝１／2リットル、夜に１／5リットル飲みました。１日に牛乳を

何リットル飲んだことになるでしょうか。
・A　1／2＋1／5＝2／7リットル
・B　0・5＋0・2＝0・7リットル
・C　1／2＋1／5＝7／10リットル

選択肢は子どもから出た意見からまとめるか、あらかじめ選択肢として提示するかのどちらかになります。

理科でも、実験の予想について、討論を交わすことが可能です。

・ふりこの重さを重くすることで、ふれ幅は大きくなる。○か×か。

子どもたちは「重くなればふれ幅は大きくなるはずだ！」という先行概念を抱いていることが多いものです。

そうすると、議論上は「大きくなる」という意見が優勢になるけれども、実験の結果は劣性だった側が正しいということになり、子どもの科学的概念の変容を促進します。

ただし、本来討論は「どちらを選んでも間違いではない」という話し合いにおいて、その教育的効果を発揮するものです。その点、算数や理科における討論では、「正解」「不正解」が存在してしまうため、「やや扱いにくい」ということになります。たとえば、先行してほかで学んでいる場合、その子は容易に正解を見つけてしまいますので、討論として成立しにくくなるのです。算数と理科の討論は、はじめに示した「活発な討論が行われる条件」から考えると、次のようにまとめられます。

①意見が二分される → ３つ以上出てくる可能性がある
②既習していても答えが分からない → 塾や家庭教育で学んでいる可能性がある
③正解が１つではない → 正解が１つである

算数と理科は、討論ができないことはないのです。ただし、あまり適したものではないので、１時間程度で実施して、導入部分で考えるきっかけづくりに用いる程度にしたいところです。

指名なし討論は、主に、「国語・社会・道徳」の３教科で扱うのが基本となります。

指名なし3種類

≫「指名なし」には3つの種類がある

「指名なし」と一口に言っても、実は3つの種類があるのです。

- 「指名なし音読」
- 「指名なし発表」
- 「指名なし討論」

この3つです。難易度でいうと、「指名なし音読」がもっとも易しく、「指名なし討論」がもっとも困難です。では、1つずつ確認していきましょう。

1　指名なし音読

指名なし音読とは、教師に指名されることなく、子どもたちが自由に立ち上がり、1人ずつ音読する方法です。


3種類のなかでも、ハードルのもっとも低いのが「指名なし音読」です。

なぜなら、自分の書いた文ではないからです。少なくとも「内容で間違える」というおそれは無いため、抵抗感なく発表することができるというわけです。

ただし、1文ずつ入れ替わり立ち替わり読むので、音読そのものとしては聞き取りにくいものになります。あくまでも「指名なし発表や指名なし討論の発表」として用いていくことが望ましいでしょう。

「重要教材では取り扱わない」というのが原則です。

指名なしの練習として活用するのだから、入れ替わりが多いものの方がよいのです。

1文が短い文章が適しています。詩など、短い文のものが適しています。

指名なし音読のイメージとして、「1人の人が読んでいるように読みます」と伝えておきます。

2　指名なし発表

指名なし発表とは、教師に指名されることなく、子どもたちが自由に立ち上がり、１人ずつ自分の意見を述べていく方法です。たとえば、「グラフを見て、気づくことは何ですか。ノートに書きましょう。（ノートに書いたあと）指名なしで発表しましょう」という流れで、指名なし発表を行うことができます。短い時間で大量の意見を発表することが期待できます。

3　指名なし討論

指名なし討論とは、教師に指名されることなく、子どもたちが自由に立ち上がり、１人ずつ意見を述べて議論を交わす方法です。指名なし発表で自分の意見を伝え合った後、そのまま自由に議論し合う場合が多いです。

音読や発表であれば、書かれたものを読み上げればいいのですが、討論となると、その場で考えたことを言い合うことになるわけであり、指名なし音読や指名なし発表よりも発言の難易度が高くなります。

ただしその分、話し合い学習の内容としても高度であり、学びの多いものになります。

コラム1 「討論」と「討議」

討論とよく似た言葉に、「討議」があります。

では、討論と討議というのは、異なる意味を持つのでしょうか。

2つの言葉は、似たように受け取られてしまいますが、微妙な違いがあります。

国語教育者の大西忠治は、討議を「決議のためにする論争」、討論を「結論のいかんにかかわらず行われる論争」と定義づけています。

討議には「結論を出す」という目的がありますが、討論にはそれがないのです。

たとえば、学級会などで「休み時間のルール」について話し合う場合は、最終的に結論を出さなくてはならないため、討議といえるでしょう。

では、国語や道徳など、教科内における話し合いは、討議か討論か、どちらであるべきでしょうか。

いうまでもなく、討論ですね。国語であれば、解釈する内容は人によって異なるところがあるし、正解はありませんので、結論は1つにまとまりません。道徳でも、決定する行動は人それぞれなので、1つの結論にたどり着くことは不可能です。

討論では、お互いに論をぶつけ合って、結論を出さないままに終了するということになります。

とはいえ、討論は、「何も結論を出さなくてもいいのか」というと、そういうことでもありません。教師が、自分なりの見解を示さなくてはなりません。子どもたちが話し合って考えたことに対して、教師がどう考え、どう答えを導き出したのか――

この点については、教師の考えを伝える必要があります。

ここには、かなり深い教材研究が必要になります。先生が浅い見解を示すならば、「なんだ、そんな浅くていいのか」と子どもたちに感じ取らせてしまうため、よくありません。見解を示す部分に関しては、教師の腕の見せ所といえるかもしれません。

討議と異なり、討論では、1つの結論にたどり着かずに、それぞれ各々の答えを見つけ出します。討論の中で子どもは、自説を述べ、友達の論を聞き、教師の見解を聞き、そしてまた自分の考えをつくり直していくのです。話し合いを通して、「自分なりの結論」にたどり着くのが討論ということができるでしょう。

2章 指名なし討論の進め方

story 2
「手品師」模擬授業を見てみよう！
指名なし討論は10の手順で進めていくんだ
今からやるからじっくり見にくるといい
①教材について知る
「誠実」という言葉を聞いてどんなことを考えますか
教科書を音読しましょう
②教師が発問する
大劇場か、男の子か手品師はどちらに行くべきだと思いますか？
③立場を明らかにする
男の子のところへ行くべきだと思う人
大劇場へ行くべきだと思う人
④自分の考えを書く
ノートに自分の考えを書きましょう
⑤ペアやグループで話し合う
グループで話し合いましょう
せっかくのチャンスを逃してはいけないと思うな
でも男の子を一人にするのはかわいそうだよ

⑥人数の少ない立場が発表する
大劇場派の人は意見を発表しましょう Aさんからどうぞ
ぼくは大劇場へ行くべきだと思います大きな夢をつかむためのチャンスだからです
⑦人数の多い立場が発表する
私は男の子のところへ行くべきだと思います一人の希望の方が大切だと考えるからです
⑧自由に討論する
大劇場の夢を捨ててまで男の子は来てほしいと思っていないのではないでしょうか
手品師の夢は人に希望を与えることなんです
だから、一人であろうと大勢であろうと手品で人を喜ばせることに変わりはないのです
⑨討論をまとめる
大劇場を選ぶ人は自分の夢に誠実、男の子を選ぶ人は約束に対して誠実ですね
先生はこのように考えました
⑩感想を書く
自分なりに「誠実」という言葉について考えました自分だったら…

討論授業を進める10ステップ

ステップ1　教材について知る

●魅力的な教材でひきつける

まずは、通常の授業で実施するように、教材を用いて授業の導入を行います。**子どもたちが「話し合ってみたい」と感じられるような教材でなければ、討論の活性化は期待できません。**討論とは、特定の問題について何人かの人が意見を戦わせることであって、各自が自分の意見を持つことが討論成立の第一の前提になるからです。

意見が、だれが考えても同じになるようであれば、討論は成立しません。なるべく意見が分かれて多彩な議論が展開できることが望ましいのです。**ここで提示する教材と、この次に行う発問が、討論の質の大部分を占めるといっても過言ではないでしょう。**

ステップ2　教師が発問する

●発問の質が討論を決める

発問は、意見が2つに分かれるような内容にしましょう。そうすると、討論として実施しやすくなります。討論を組織するには、意見と意見の関係や構造について、できるだけ構造を単純化していくことが大切なのです。

討論というのは、ドッジボールのようなもの。向かい合って論をぶつけ合うような感じがやりやすいのです。複数の立場をつくると、みんなでボールを投げ合うような感じになってしまって、よく分からなくなるのです。誰がどの立場なのか把握しづらくなり、論を交わすことが困難になるのです。

したがって、「AかBか」という二項対立、もしくは「賛成か反対か」というように、意見が二分するような発問を心がけましょう。次のような発問を中心にします。

- ・AかB、あなたはどちらの考えですか。
- ・～について、あなたは賛成ですか、反対ですか。
- ・～といえば、～である。○か×か、あなたの考えを書きなさい。

ステップ3　立場を明らかにする

●まずは立場を確認する

次は、子どもの立場を明らかにするために、次のように言葉をかけます。

「ノートに、どちらなのかを書きなさい。まだ書けていない人？　では、手を挙げましょう。Ａという人？　Ｂという人？」

討論の第一段階は、自分の立場をはっきりとさせることです。

> **「〇か×か」**
> **「ＡかＢか」**
> **「賛成か反対か」**

このように立場が明らかにならなければ、考えを書くことも話し合うこともできないのです。

討論のはじめに、どちらの立場なのかをノートなどに書かせるようにします。ノートなりワークシートなり、どこにでもいいので、とにかく書くことが必要です。

なぜかというと、もしも立場を書いていなければ、次に確認する段階で、「友達がAにしているから、私もAにしちゃおうかな」「人数が少ない方は不安だな。私もBにしちゃえ」などと考えて変更することが可能になってしまうからです。

そういうわけですから、まずは立場を書かせます。「書けたかどうか」を確かめるには、「まだ書けていない人？」というように確認するとスムーズです。必ず全員が書いてから、次の立場の確認へと進みましょう。

●挙手で人数を確認する

挙手で人数を確認します。確認できたら、黒板に人数を書き込んでおきます。

討論を終えた際に再度人数を確認することになるので、この人数については教師の方でもメモをとり、残しておくようにしましょう。

ステップ4　自分の考えを書く

●「書く」ことが討論の大前提

討論をする際は、自分の考えを「書く」ことが原則です。

討論をするためには、まず一人ひとりが、「自分なりの考え」をもつようにしなくてはなりません。それも、なるべく多くの子どもが「自分なりの考え」をもつことが討論授業実施の前提となるのです。

書かないままで討論をすると、内容の浅い話し合いに終わってしまいます。書かないまま話し合うと「思いつき」程度にしかならず、なかなか深まることがないのです。テーマを決めたならば、証拠や根拠となる情報を集めて、考えを練り上げて、それから討論に望むようにしていきます。

十分に練り上げた考えをぶつけ合う。それでこそ、質の高い討論をすることができるのです。

考える時間を、十分にとります。そして教師は机間巡視しながら、一人ひとりの考えを認めていきます。

「すごい。なるほど！」

「よく考えたね」

「これは、君にしか思いつかない考えだね」

「ぜひ発表してみよう」


このようなはげましの言葉を加えながら見ていくとよいでしょう。

●箇条書きにしていくつも書く

考えは、箇条書きにして、ノートかワークシートに複数書き連ねていくようにします。なぜなら、1つや2つの意見だけでは、誰かがその意見を言ってしまうと、それでもう自分の発言する機会がなくなってしまうからです。

だから、短く区切って、複数の考えを書くことができるようにします。正解かどうかを気にするのではなく、まずはできるだけたくさん書けるかどうかに焦点を当てるようにします。

ステップ5　ペアやグループで話し合う

●練り上げ時間をつくる

討論の前に、ウォーミングアップとしてペアやグループでの話し合いの時間を設けるようにします。

異なる立場の人がいればよりよいのですが、いなくてもかまいません。一通り意見を出し合ったならば、「なぜそう考えたのか」「根拠はあるのか」など、お互いの意見について問いかけます。

そうすることによって、実際の討論で出てくるであろう反対意見に対処できるようになります。

⑤ペアやグループで話し合う
グループで話し合いましょう
せっかくのチャンスを逃してはいけないと思うな
でも男の子を一人にするのはかわいそうだよ

ステップ6　人数の少ない立場が発表する

●発表は「児童数」の少ない方から

準備が整ったら、さっそく討論を始めます。

とはいえ、急に自由に話し合うというわけではありません。まずは片側ずつ意見を述べあって、それから討論へと移るのです。

順序としては、次のような形になります。

①Aの立場の人が意見を伝える
②Bの立場の人が意見を伝える
③自由に討論する

ここで大事なのが、どちらから先に意見を伝え始めるか、ということです。

基準となるのは、人数の多さです。

「人数が少ない方」の立場から意見を述べます。

なぜかというと、もしも大人数の方から意見を述べてしまうと、人数と勢いに圧倒さ

れてしまって、少ない人数の側が意見を出せなくなってしまうことがあるからです。

「では、Aの方から意見を発表します。はじめに発表する人は？　では、○さんから始めましょう。どうぞ」

このようにして、意見の発表を始めます。次々に立ち上がって自分の意見を述べていきます。

意見がとぎれたところで、「もうありませんか？それでは、反対側の人が意見を発表します」というようにして終了します。

ステップ7　人数の多い立場が発表する

●意見の多い方が発表する

次に、意見の多い立場側が発表をします。**ここではまだ「出された意見に対する反対意見」などは述べません。**あくまでも、自分の側の意見だけを述べていきます。

討論をやり始める頃は、そのあたりが分からずに、反対意見を述べようとする子どもが出てきますので、**「反対意見は後で言う時間をとるので、この時間は自分の意見だけを発表しましょう」**と伝えます。

ステップ8　自由に討論する

●双方で自由に話し合う

「ここからは自由に発表します。はじめに発表する人？　では、Aさんからどうぞ」

このような教師の一言から、自由な話し合いを始めます。

ここからが、指名なし討論の醍醐味のようなところです。意見を述べた人に対して、質問や反論を述べていきます。

討論を始めたばかりだと、教師は「子どもに任せてしまって大丈夫なのか」と思われるかもしれません。

大丈夫です。**子どもは、子どもだけで話し合う力を備えています。**

子どもを信じて、話し合いを子どもに委ねましょう。

「さっき、〇さんが言っていたように……」
「私も、〇さんが言ったような意見と同じなのですが……」

「○さんに反対します。さっき、62ページに『ほほえんだ』という表現が多いという風に言っていましたが……」

意見に対して、また反論を重ねて討論を進めていきます。

●話し合いは、発表回数の少ない人を優先する

特にこの場面では、発表したい人が重なってしまうことが多く見られるようになります。ルールを設けなければ、同じ子どもばかりが発表することになってしまいます。

そこで、「発表回数の少ない人を優先する」というルールを決めておきます。こうすることにより、譲り合いの基準ができます。必然的に、全体的な発表数の均衡がはかれるようになるのです。

ただ、ルールとして設けていても、話し合いが白熱すると、どうしても譲り合いができない場面が生じます。そういうときには教師の側から「発表の少ない人が優先です」と声かけして、決まりを思い出させるようにするとよいでしょう。

ステップ9　討論をまとめる

●再び立場の確認をする

「いろいろな意見や理由が出されましたね。討論を終えたうえで、改めてAかBかを聞きます。はじめに確認したときと、立場が変わってもかまいません」

このように伝えて、立場の確認をします。数直線図を用いている場合は、自分の名前プレートの位置を移動させてもよいでしょう。

挙手させてみると、多くの場合において、子どもの変容が見られます。極端な場合であれば、多数派と少数派が入れ替わるようなこともあります。

「どうして考えが変わったのか」を子どもに発表させてもよいでしょう。

「私はAだと考えていたけれども、○さんの考えを聞いて、なるほどそうかと考えて、自分の立場を変えることにしました」というような発言が出てきます。

意見を受けて変容させられるのは、価値あることですから、こういう意見を大いにほめましょう。

●教師の見解を述べる

話し合いが終わったら、教師が討論のふり返りを伝えます。ここでは特に討論の内容について、よかった質問や、いい意見を取り上げてほめるようにします。

次に、教師としての見解を述べます。

そのテーマについて、個人としてはどう考えているのかを伝えるのです。「Ａかもしれないし、Ｂかもしれない」などという、あやふやな答えでは、子どもは納得しません。個人の意見でよいので、教師としての考えを述べなくてはなりません。ここが教材解釈力の問われるところです。ここで浅い解釈を述べてしまうと、子どもも「なんだ、先生でもその程度なのか」ととらえることでしょう。「そうか、そういう視点で読みを深めればよいのか」と、次回の参考になるような見解を述べられるのが理想です。

指名なし討論で取り扱うテーマは、「正解のないもの」が原則ですので、「教師の言っていることが正解というわけではない」ということも念押しして確認しておきましょう。

ステップ10　感想を書く

●感想を書いて授業を終了する

討論を終えたら、ふり返りの感想を書きます。多くの場合は時間がありませんので、「感想を書けた人からノート（ワークシート）を提出して休憩」という形が基本になることになるでしょう。

もしも時間があるのであれば、ここで感想やふり返りを共有することが望ましいです。ふり返りの時間がとれないようであれば、次回の授業のはじめにいくつかの感想を教師が読み上げて、学びを共有する時間をつくりましょう。

コラム2　ジェンダーとオリンピック

指名なし討論で扱うテーマは、「教科書の内容」にとどまりません。現代社会で問題として挙げられるような内容を、子どもたちの中で議論として扱うこともできるのです。私が6年生の担任をしていたとき、ちょうど東京オリンピックが開催されました。コロナのために、1年延期になってしまったオリンピック。開催前の報道を見ていると、ある記事が目につきました。


「東京五輪に初のトランスジェンダー選手出場　女子重量挙げNZ代表ハバード」

東京五輪に史上初となるトランスジェンダー選手が出場することになった。ニュージーランド・オリンピック委員会（NZOC）は21日、重量挙げ女子87キロ級代表として性別適合手術で男子から性別転換したローレル・ハバード（43）を選んだと発表した。

13年に手術を受けるまでは男子として競技していた。国際オリンピック委員会（IOC）は男性ホルモンのテストテトロン値が1年間、一定以下ならトランスジェンダー選手が女子として競技することを認めるとするガイドラインを15年に定めていた。

世界選手権で17年が2位、19年は6位の実績があり、国際大会での優勝経験も数多い。五輪初出場を決め、NZOCを通じ、「大勢の国民から受けた親切心と支援に感謝し、つつましく感じている」とコメント。18年にケガのために戦列を離れており、「腕を壊した時には競技人生は終わったと思いました。しかし、周囲のサポートや励ましで、暗闇から抜け出すことができた」とふり返った。

出場が確実になる段階では、ライバル選手による疑問の声も上がっていた。同階級のアナ・ファンベリンヘン（ベルギー）は、トランスジェンダーのコミュニティーは支持するとしつつ、受け入れを「他者の犠牲」があってはならないと主張。「何人かの選手が五輪出場やメダル獲得といった人生を変える機会を失う」と訴えていた。

IOCが定めたガイドラインに関しては専門家から、男性として成長した選手の身体的優位性を軽減する効果はほとんどないとの指摘もでていた。NZOCのスミス会長は「性別への帰属性が非常に繊細で複雑な問題であり、人権と競技上の公平性とのバランスが必要だと認識している」との見解を示した。なお19年世界選手権での金メダリストの中国選手の記録は332キロ、6位のハバートは285キロだった。

（2021年6月21日　日刊スポーツ記事を元に作成）

この情勢に対して、世界中で賛否両論の声が挙がっていました。

人権と競技場の公平性。この問題と、どう向き合えばいいのだろうか。

「五輪を観戦する前に、これは話し合っておく価値がある。そしてそれは、6年生である今が最も適している時期だ」と判断しました。

私は教室で、この話を取り上げて、討論の題とすることにしました。

子どもたちは、この状況に対して、賛成が10人、反対が26人でした。

賛成の意見は、次のような内容でした。

「オリンピックは、世界の目玉です。そこで参加を認めないということは、差別につながるのではないでしょうか」

「総合の授業でＳＤＧｓについて学んだときに、『ジェンダーの平等』が掲げられていたはずです。競技者として男性として出場を求められるということは、『あなたは男性だ』と突きつけられるようなものです。もし自分なら納得がいきません。ローレル・ハバードさんの女性としての人権が守られるべきだと思います」

「前に、『われ窓理論』について知りました。われている窓の車を放っておくと、ほかの部分もボロボロになってしまうという理論です。これと同じように、オリンピックから差別が始まり、差別が広まっていくことが考えられます」

反対の意見は、次のような内容でした。

「男性ホルモンが減退していたとしても、骨格はそのままなんだから、力は残っています。そんな状態で勝ったとしても、嬉しくないはずです」

「これって、周りの女性の夢を止めてしまうことになるんじゃないですか。ほかの女性にとっては不平等です。１人の人権が大切にされて、女性の権利がおびやかされるのは、認められるのですか？」

「元男性だけが、圧倒的に有利じゃないですか。調べてみると、元女性は活躍していないそうです。オリンピックというのは、お互いを認め合う場でもあるはずなのに、元男性ばかりが優遇されるような状態は納得がいきません」


中立の意見として、「トランスジェンダー枠をつくればいいのでは？」というものも出されていました。

私からの見解も示しつつ、授業は終了しました。

このような、時事的に判断の分かれている問題を取り扱うことは、現代社会の問題について知る機会になります。特に小学校高学年や中学生にもなれば、大人と同レベル程度の討論ができます。指名なし討論を経ることそのものが、批判的思考を養うことにつながるのではないかと感じています。

3章

指名なし討論を指導する

story 3
指導のポイントって何だ？
よ〜し、指名なし討論に挑戦だ！
みなさんは海かプール、遊ぶならどちらにすべきだと思いますか？
海の人どうぞ
私は…
ぼくは…
私も…
プールの人どうぞ
ぼくは…
私も〜！
ぼくも〜
ねえBちゃんばっかり発表してない？
あ〜ん私発表できなかった〜
ぼくも言いたいのに
え〜〜〜〜ん
あ…
え〜〜っと
職員室
……ということになりまして
みんな発表したがって進まないんですけどどうすれば…

サッと譲れる子はいないかな？そういう子をほめることだよ
ほめてますよ！
だけど立ったまま譲らない子がいるんです！
たしかに低学年の指名なしはちょっと難しいね
私を見て！
意識が自分に向く年齢だからね
それでもうまくいく方法はあるよ
えっ教えて下さい！
ズバリ！ゲームで教えることだよ
真剣に教えて下さいよ
ゲーム……？
私はいたって真剣だ！

やってはいけないのは
失敗の感覚を
覚えてしまうことだ
譲り合うのを
待つようにしていると
「長々と待っていれば
誰かが譲ってくれる」
と教えることになってしまう
じ〜〜っ
だからゲームで
成功感覚をつかむ
「同時に発言したら
アウト」のような
遊びをする
発表する内容は
「それほど発表
したくない
ようなもの」から
始めるといい
1!
2!
3!
アウトー
また、小さな
グループから
始めよう
だんだん
集団の規模を
大きくして
いくんだ
私の好きな
食べ物は
カレーです
これを毎日
やるんですか？
そういうこと
じゃないよ
指名なし討論が
うまくいかないときに
処方するような感じで
用いるといいんだよ
高学年や
中学生なら
このような
ステップなど
なくてもできる
なるほど
やってみます

指名なし討論をうまく進めるための3つの考え方

》成功イメージを持たせる

指名なし討論の難しさは、「発表したい子が譲り合えない」ところにあります。

特に、小学校低学年あたりの子どもは、自己主張の塊のような年代ですから、なかなかうまく進めることができません。

小学校高学年や中学校では、これらのステップをふまなくても、できるようになることが多いです。周りを見て動くことができるからです。

発表したがる子どもが多いような低学年や中学年の場合では、順序に沿って指導していくのが望ましいところです。**一度「悪い討論のリズム」を覚えてしまうと、なかなかよい形で進めることができなくなってしまうからです。**はじめが肝心なのです。次の考え方を念頭に置きながら指導を始めてみましょう。

考え方1　「それほど発表したくない内容」から始める

指名なし討論でよくある失敗は、「譲り合いができない」というものです。特に、2、3年生の子どもによく見られます。

どうしてそうなるのかというと、「もしも自分が譲ってしまうと、ほかの人に自分の意見を言われてしまう」と思うからなのです。

もちろん、まずは譲り合える子どもを育てるべきでしょう。「譲り合いができるって、すてきですね」「優しいですね」などと、ほめていきます。しかし、それでもやっぱり、譲れない子どもは残ってしまいます。

では、どうすればこの問題を解決できるかというと、練習段階では「それほど発表したくない内容」にしてしまうとよいのです。たとえば、「数字を1から10まで順番に言います」という課題であれば、どうでしょうか。「あっ、2を言うなんて！　私が言おうと思っていたのに！」などと悔しがる子どもは、そういないでしょう。

「それほど発表したくない」で練習することにより、サッと譲り合うことができます。

考え方2　小規模グループ↓大規模グループへ

「たけのこニョッキ」というあそびを知っていますか。「たけのこたけのこニョッキッキ」と言ってから、1から順番に立ち上がり、他人と重なるとアウトになるあそびです。これは、4〜7人くらいで取り組むのが適しています。それよりも多くなると、難しくなります。30人を超えると、まるで成立しません。「同時に立ち上がる子どもだらけ」になってしまうからです。


指名なし討論の難しさは、このあそびの困難さとよく似ています。

指名なし討論でも、大人数でやると、同時に立ち上がってしまうことがあります。

でも、少ない人数でやれば、重なることなく自然なペースで進めることができます。

したがって、練習の段階では、少ない人数で実施します。少人数のグループをつくり、その中で指名なしで立ち上がる練習をするのです。班↓号車↓教室半分というように、人数の規模を小さいものから大きいものへと変えていくのです。

考え方3　ゲーム性を持たせる

「譲り合い」自体を覚えるには、ゲーム性を持たせるようにすることが効果的です。**「譲れなければ、アウト」とか、「重なってしまうと、アウト」というようなあそびを交えるようにします。そうすると、うまく譲るにはどうすればいいのかが分かります。ゲーム性を持たせて、よい譲り合いのリズムを体験させるのです。**

なにより大切なのは、「成功感覚のイメージ」を持たせることです。「こういうリズムで発表すればよいのか」「こういう感覚で話せばよいのか」というように、成功感覚のイメージを持たせます。

では、具体的にどのような方法であれば、これまでの条件を満たすことができるのか。その具体的な指導方法を8つ紹介します。これらは、1から8に向けて難易度が上がっていきます。学級の様子を見て、うまくできそうであればステップを飛ばしてもかまわないし、うまく行かないときにはいずれかを処方箋のようにして活用するとよいでしょう。

①「班で順番数え」

班の中で１から10まで数えます。順番を決めずに、自由に立ち上がって数を言います。ほかの人と重なってしまったら、もう一度１から始めます。うまくできるようになった班は、10以上でどこまで数えることができるのか、挑戦してみます。

②「班で指名なし音読」

班の中で詩を１行ずつ読み上げていきます。ほかの人と重なってしまったら、もう一度初めから読みます。

③「班で指名なし発表」

班の中で、指名なし発表をします。順番は決めずに、自由に立ち上がって発表します。１分間で何回発表できるかを数えます。では「赤いもの」といえば何でしょうか。

④「号車対抗指名なし音読」

１号車から順に１人が教科書の文章を１行ずつ読みます。ほかの人と重なったり、５秒間だれも言わなかったりしたらアウトです。

⑤「号車対抗指名なし発表」

1号車から順番に1人ずつ指名なし発表をします。ほかの人と重なったり、5秒間だれも発表する人がいなかったりしたらアウトです。では、「大きいもの」といえば何でしょうか。

⑥「半分対抗指名なし音読」

教室を半分に分けて、廊下側チームと窓側チームで交互に指名なし音読をします。ほかの人と重なったり、5秒間だれも音読しなかったりするとアウトです。

⑦「半分対抗指名なし発表」

教室を半分に分けて、廊下側チームと窓側チームで交互に指名なしで発表をします。ほかの人と重なったり、5秒間だれも発表しなかったりするとアウトです。「丸いもの」といえば何でしょうか。

⑧「指名なし発表タイムアタック」

全員で指名なし発表をします。全員発表できるまで、どれくらい早い時間でできるでしょうか？　ほかの人と重なって言ってしまったときは、もう一度言い直しましょう。テーマは、「好きな食べ物」です。時間を計ります。

4章 教師の役割

story 4
先生は、何をするの？
でも私は…
よし、討論が自分たちでできるようになってきたな
あれ？授業中の教師の役割ってなんだろう？
いなくてもいいのでは…？
はっ…
手本先生の授業を見に行ってみよう
6年3組
シーン…
めずらしい行き詰っている感じだな
教師の役割① 考えるヒントを出す
前の授業でCさんはやまなしとカワセミの色の違いについて考えていましたね
色か…
!
この話は食物連鎖を表しているんだと思います
でもカニはそもそもやまなしなんて食べないよ
いやパソコンで調べてみると…
話の論点がズレてきたぞ
あれれ
教師の役割② 討論の進路を修正する
話を少し戻しましょう食物連鎖、つまり「食べる・食べられる関係」ということですね
おおっ

やまなしはカニをおどろかせているわけだから希望とはちがうのではないですか？
いや、私たちの身の回りでも嫌なことだと思っていても…
いやそれは…
わっ　白熱しすぎていっぱい立ち上がってる！
教師の役割③ペアで消化させる
いま考えていることを隣の人と話し合ってみましょう
ほっ…
さっきのDさんの意見について考えたことがあるのですが…
Eさんはカワセミを自然災害と表現していましたよね
教師の役割④板書にまとめる
わ、わかりやすい
おお〜！
これがファシリテーターとしての教師のあり方か
けっこうやることあるんだな…
なるほど教師の役割がわかったぞ

教師の4つの役割

発言を控えつつ指導する

基本的に、討論している最中には、教師の発言は極力控えるようにすることが求められます。できれば、教師の発言は「ない」方がよいのです。

それでは、「指導がなくてもよいのか」というと、そういうことでもありません。

教師には、ファシリテーションする能力が求められます。

ファシリテーションとは、人が自己発見を通じて学ぶように手助けをして、彼らがともに学ぶように導く技法です。

学習者である子どもは、知識や経験を共有することにより、仲間から学びを得ていきます。その手助けする技術がファシリテーションなのです。

教師はファシリテーターとして、授業中に次の４つの役割を果たす必要があります。

役割１　考えるヒントを出す

話し合いがとぎれてしまって、子どもがうまく意見を出せなくなることがあります。

まずは、待つようにします。

子どもが黙ってしまったからといって、教師がすぐに話し出すと、子どもの思考を邪魔してしまうことになりかねません。

黙って、子どもが話し始めるのを待ちましょう。

しかし、いくら待っても討論に勢いが出ないような場合には、考えるためのヒントを提示していきます。たとえば、次のような言葉が考えられます。


「○さんは、このように言っていましたね」

「過去には、こういう意見もありました」

「ほかの学校では、○という意見もあるそうです」

「先生たちの話し合いでは、○という意見が出ていましたね」

役割2　討論の進路を修正する

子どもたちの討論は、思いがけずおかしな方向に進んでいってしまうことがあります。

たとえば、「手品師は、男の子のところへ行くべきか」という話をしているはずなのに、「男の子だって、急な用事ができて行けなくなるかもしれない」「でも、急な用事なんて子どものうちにはありません」「ありますよ。僕なんかは、先日お使いを頼まれて困りました」というように、関係のない筋に話が進んでしまうことがあるものです。

そういうときには、多くの場合、子どもたちの側で「あれ？　なんか話がズレてるよね？」という声があがります。

まずは、それを見守りましょう。

しばらく見守っても見当違いな話が進んでしまう場合には、教師が話を戻す役割を果たします。

「ちょっと、話の論点がズレていますね。今、『男の子のところへ行くべきか』ということについて話し合っているはずですよね。話を戻しましょう」というようにして、話し合いの続きを始めるように促します。

役割３　ペアで消化させる

指名なし討論が白熱してくると、多くの子どもが同時に立ち上がって、混雑してしまうことがあります。「自分の考えを、誰かに聞いてもらいたくてたまらない」という状態です。そういうときは、いったんストップをかけましょう。

「はい、ストップ。みんな、１回座りましょう。今、自分が考えていることを、隣の人と話し合ってみましょう」

子どもたちは自分の考えをペアの人に伝えます。伝えることで、「人に聞いてもらうことができた」と感じます。

そうしてスッキリさせてから、再び続きを始めます。

「では、続きを話し合いましょう。誰から始めますか？（挙手・指名）○さんから、どうぞ」

このようにして、全員の「話を聞いてもらいたい」の気持ちを満たしつつ、議論の混雑を防ぎます。

役割4　板書にまとめる

●ファシリテーターとしての板書術

指名なし討論の源流をたどっていくと、「板書しない」というのが基本のようです。「板書するのは、子どもの話し合いに教師の意図を介入させることであり、それは子ども主体の討論のあり方として望ましくない」というのがその理由のようです。

しかし、そうなると、耳で情報を聞き取るのが苦手な子どもにとって、討論の流れに乗れないことがあります。

また、話し合いに夢中になると、どのような意見が出て、どのような流れで議論が進んできたのかが分からなくなることがあります。論点を見失って、おかしな論点で議論するようになって、話し合いがかみ合わなくなってしまいます。

したがって、教師が情報を黒板にまとめて、議論を可視化できるようにするのがよいのではないかと私は考えています。教師はできるだけ中立な立場で、子どもたちの討論が円滑に進むよう、協働へと向かうように支援するために板書をまとめていきます。

●板書は、縦書きは上下に分けるのが基本

黒板は一般的に横長のため、上下に分けると多くの意見を書き込むことができます。

縦書きで箇条書きのようにして子どもの意見をまとめていきます。

なお、意見と意見の間にはスペースをあけるようにしておきます。後で反対意見などを書き込むことができるようにするためです。

社会科など、横書きでまとめたい場合は、左右に分けるようにして線を引き、これも同じように箇条書きで意見をまとめていきます。

●色チョークを使い分ける

すべて同じ色のチョークを使うと、どのような意見が出されているのかがわかりにくくなります。色を使い分けて、見やすい板書にまとめられるようにしましょう。

・意見は白で書く

まず、はじめに双方からの発表は、白チョークで意見を書いていきます。後で書き足すことができるように、意見と意見の間にスペースを設けながら書いていきます。

・反対意見は赤で書く

反対意見が出たら、赤チョークで書きます。なお、色弱の子どもでも見えるようなタイプの赤色を用いるようにしましょう。

・それに対する反対意見は黄色で書く

さらに、反対に対する反対意見が出される場合があります。そういう場合は、黄色チョークで意見をまとめます。

●記号を用いる

板書をする際には、記号を用いるのも効果的です。

- **線を引く**
- **強調する**
- **枠で囲む**
- **矢印をつける**

たとえば、つながりのある意見が出たら青チョークで矢印を引いたり、簡単な図にまとめてみたりして、子どもが視覚的に理解しやすいようにするのです。

コラム3　ほめるタイミング

指名なし討論の動きに関して、ほめるのに適したタイミングがあります。

それは、「子どもが話し始めたとき」です。

たとえば、誰も立ち上がらなかったところで、勇気を出して立ち上がった子どもがいる場合は、話し始めたあたりで次のように言葉をかけます。

「ストップ。今の動き方が、とてもいいですね。間が空いてしまって、どうしよう……と思いますよね。誰か言わないのかな、誰が立ち上がるのかな……というように考えてしまいます。そんな中で立ち上がるのは、とても勇気がいることです。Aさんは、よく立ち上がることができました。すばらしいですね。では、続きをどうぞ」

このように、「子どもが話し始めたとき」に止めます。なぜなら、話す子が立っているため、「どうぞ」の一言を伝えるだけで、続きが始まるのです。もしも誰も立ち上がっていない状態で「さっきのCさん、よかったね」というようにほめると、教師のほめ言葉が終わった後に、誰も立ち上がらない瞬間が生まれます。間延びします。授業に淀みが生じてしまうのです。教師が指名なしの動きについてほめるときは、「誰かが話し始めたときにストップをかける」のを原則とするとよいでしょう。

5章 討論の質を高める

story 5
指名なし討論が、浅い…
Fさんの意見には矛盾しているところがあります
えっと…そうかも知れません
討論ができるようになったでも…
浅い…
う〜ん…
in 職員室
ぜんぜん深まらないんですけど…
そうかじゃあ一緒に討論を深める方法を考えてみよう
まずは誰がどちらの立場なのかわかるようにしよう
今のままだと誰がどっちの立場なのかわからない
たとえば赤白帽をかぶるだけでも立場がわかりやすくなる
A派
B派
教師からもわかりやすい!
それから交流
自分の考えを作ってそのまま討論に移ると論が薄っぺらい
どうしてそう言えるんですか?
えっとなんとなく…
討論の前の、ペアやグループでの話し合いの時間が大事なんだ
どうしてそう言えるの?
う〜ん、確かに根拠を見つけておかないと
話し合いで自分の論の弱いところを見つけ出して補強しておく

次に、人が発表している間の活動だ
聞いている間ボーっとしていてはいけないんだ
考えを補うには書くことだ
誰が何を言っているのかメモして反論に備えるんだ
ここの根拠がわからないいな
あとは言葉かな
強制的に「話型」を使わせると自然な話し合いにならないぞ
私はAです なぜなら、いや…あの なぜかというと…
でも、そうしないと子どもが言葉を使わなくて…
基本は自由に話せるようにするのがいい
みなさん○ページを開いてください
知的な言葉を使う子どもがいるはずその言葉を取り上げてほめて広げていくんだ
その言い方すごくいいね
一気にやると覚えるのが大変だ
一日にひとつずつできるようになれば上出来だよ
なるほど
ちょっとずつ深められるようにがんばります!

可視化ツールを使用する

›› 立場が分かるように可視化する

指名なし討論で難しいのは、「誰がどの意見なのかを把握すること」です。

頻繁に発表する子どもについては把握しやすいのですが、学級全体で誰がどちらの立場なのかは、なかなか分かりにくいものです。立場が分からなくて困っている場合であれば、可視化する道具を用いてみてはどうでしょうか。

①数直線と名前プレート

黒板に数直線を書き、子どもたちに自分の立場がAかBどちらに近いのかを考えさせて、自分の名前プレートを貼り付けるようにします。「ちょうど真ん中」という選択肢は認めず、必ずどちらかに寄るように貼り付けます。こうすることによって、誰がどの立場で話しているのかが明らかになります。また、討論の後に名前プレートを移動させることにより、話し合いによる変化を確かめることもできます。黒板を板書で使用する場合は、ミニ黒板を用意して、そこに貼りつけるようにするとよいでしょう。

②顔マグネット

顔マグネットを作成します。16切りサイズの画用紙に自分の似顔絵を描いて、裏面にマグネットを貼り付けると完成です。**この顔マグネットを、自分の討論の立場の方に貼り付けます。**討論をする際に、誰がどちらの立場なのかが明らかになります。

③赤白帽

教室の中で紅白帽をかぶります。たとえば、Aの立場なら赤帽子、Bの立場なら白帽子というように、立場によって色を分けます。

発表している人がどちらの立場なのかが一目瞭然になります。また、討論の途中でも裏返すことができて、討論の臨場感が増します。

交流を豊かにする

》交流を通して意見を深める

①同じ立場の人で話し合う

討論の質をより深めるために、まずするべきことは自分の考えを書くことです。そして、自分の考えがある程度まとまったのであれば、同じ考えを持つ人と交流することが望ましいのです。たとえば、次のような指示が考えられます。

「立ち歩いていいので、同じ立場の5人の人と話をしてきましょう。終わったら、自分の席に戻って、ノートに考えをまとめなおしておきましょう」

学級になれ合いのような雰囲気がある場合であれば、ここで仲間同士くっつき合ってしまうことが起こります。同性とばかり話し合うようなこともあるでしょう。

そういうときは、この活動が「学習」であることを確認しなくてはなりません。次のように指導をしましょう。

まずは、できている子どもをほめます。

「この学級で、本気で学ぼうとしてる人が4人いました。この人たちは、男女関係なく、本当に自分にはない何かを学べそうな人から話を聞こうとしているのです。そういう人は、これからウンと力を伸ばしていくことでしょう」

そのうえで、仲良しとばかり話し合う子を諌めます。

「一方で、男子とだけ、女子とだけ、仲の良い子とだけ話し合おうとしている人も見られます。自分の力を伸ばすのに、休み時間一緒に遊んでいることとか、放課後仲良くしていることとか、そういうことは関係が無いのです。残念ながら、そういう人は力を伸ばすことができませんよ」

②異なる立場の人と話し合う

異なる立場の人と話し合うのも、自分の考えを磨くのに効果があります。

「立ち歩いてかまいませんので、違う立場の5人の人と話をしましょう」というように指示を出します。

異質の考えと出会えることが、自分を成長させてくれます。

③ペアやグループで討論の練習をする

班ごとに、何分か時間をとって、討論を行います。

ただ、自分の発表を述べ合って終わるようでは価値がありません。全員が同じ意見であったとしても、それでもその意見の弱いところを検討するようにします。


この時間で大事なことは、いくつかの事実を証拠としてあげて、批判なり反論なりすることです。だから、お互いの質問として「理由は何ですか」「根拠は何ですか」というように、論の隙を見つけさせるようにします。

このようにして「プレ討論」を体験しておくことにより、「反論に対する構え」ができるようになるのです。

それから交流
自分の考えを作って そのまま討論に移ると 論が薄っぺらい
どうして そう言えるんですか?
えっと なんとなく…
討論の前の、ペアやグループでの話し合いの時間が大事なんだ
どうして そう言えるの?
う〜ん、確かに 根拠を見つけて おかないと
話し合いで 自分の論の弱いところを 見つけ出して補強しておく

メモをとる

≫聞きながらノートにメモする

討論が安定してきたら、他者の意見に耳を傾けるように指導します。子どもには、お互いに意見をメモさせるようにします。メモのやり方はいろいろあります。たとえば、次のようなやり方があります。

・板書式

教師の板書のように、上下もしくは左右に分けてノートにまとめていきます。

・箇条書き式

気になった発言をした人の名前と意見を箇条書きにして書き連ねます。

・枠式（次ページの表参照）

枠をつくって「名前＋内容＋評価＋意見」をまとめます。ただし、すべての発表をメモすることは並大抵のことではないし、メモばかりに没頭していると討論に加われなくなってしまいます。

だから、自分にとって「引っかかりのある意見」をメモさせるようにします。分かったか分からなかったか、面白いか面白くないか、賛成か反対か、などというように、自分にとっての引っかかりです。**「おかしいな、とか、質問したいなと思うことがあった時に、名前を書いておきましょう」とします。**

まずは、名前を書いておくことが1番です。それから、内容についてのメモを加えていくようにします。

いくつかのパターンを紹介して、「自分なりに分かりやすいメモの取り方」を選択させるようにするのが望ましいところです。

次に、人が発表している間の活動だ
聞いている間ボーっとしていてはいけないんだ
考えを補うには書くことだ
誰が何を言っているのかメモして反論に備えるんだ
ここの根拠がわからないな

発表者	内容	○△×	意見・質問
田中	教科書に「ごんはひとりぼっち」と書いているから。	△	なぜわざわざおんがえしを?
山田	教科書に「あんないたずらしなけりゃよかった」と書いてある。	△	でも行動は取っていない。
佐藤	ごんはうなぎをぬすんだからつぐないをしようとした。	△	うなぎをぬすんだことに対して兵十がどう思っていたかは分からない。
鈴木	辞典で「走る」の意味を調べると、感情の言葉が出てきた。	○	「走る」という行動が感情を表しているということか。なるほど。
高橋	もしもおっかあと住んでいたらつぐないはしないはず。	○	たしかにその通り。
田中	Dの意見は根本的におかしい。	○	私もそう考えました。
伊藤	いせいの良い声がしなかったら、つぐないをしなかったことになる。	△	それはおかしい。
中村	Dの意見に対して、すでにつぐないはしている。	△	今は、つぐないをしたのがいつなのかを話し合っている。
小林	14ページに、「一人ぼっち」と書いているから、かまってほしいのだ。	×	どうしてそういえるのか?
佐々木	知らず知らずのうちにつぐないをし始めたのではないか。	△	そんなはずはない。
山口	いわしやの声がしたときに、つぐないをしようとした。	△	つぐなう気持ちは、しゅん間的に思いつくことではないと思う。
松本	無意識でつぐないをやり始めたのではないか。	△	無意識の意味を分かっていない。
井上	「決心」という言葉を辞書で調べた。	△	決心はここで必要か?
清水	自分の行動に反省をしてつぐない始めた。	○	いいかも。

討論の言葉を育てる

》言葉の指導は、複雑にしない

ここからは、討論の言葉について述べていきます。難解な言葉や知的な言い回しを使えるようにすることは、高度な討論に導くために重要なことです。

難しい言葉を使うと、子どもは知性的になります。

ふつうは、逆に考えてしまうものです。「知性的になると、難しい言葉を使うのではないか」というように。でも、違うのです。子どもは、難解な言葉を使うと、知性的になっていくところがあるのです。

ただし、そういう言葉の教え方については、注意が必要です。

討論の言葉は、形式で教えられがちなものです。「立場＋理由」というようにして、基本的な言葉の順序について取り上げるのはよいことでしょう。**しかし、あまりにも複雑すぎる形式をつくると、かえって発言の意欲を失わせてしまいます。**子どもは、発問に対して一生懸命頭を働かせているのに、それに加えて話し方を制限されてしまっては、どのように話せばいいのか分からなくなってしまいます。

では、どのように教えればよいのか。2つの方法を紹介します。

方法1　子どもの発表から広げていく

子どもの発表をよく聞いていると、これから先に紹介するような言葉を用いて発表しています。そういう言葉を聞き逃さずに、できればメモをとっておいて、授業の合間や終わりに取り上げてほめるようにするのです。

通常であれば、難しい言葉を使った子どもというのは、子どもの中で厄介者扱いされてしまいます。「なんだ、あいつカッコつけて」とからかわれてしまうかもしれません。

そうなるところを、教師がほめる。

「ステキな言葉を使っていたね！」とか「どうしてそんな言葉を知っているの？」というように、ほめて広げていくのです。

すると、学級全体に難しい言葉を使ってみようという雰囲気が生じます。

それを、引っ張り出してやるようにするのです。

方法2　先生のおすすめの言葉

それでも、言葉が子どもたちから出されないようであれば、教師から「こんな言葉の使い方をしてみるといいですよ」というように紹介します。強制するわけではなく、あくまでも参考として紹介するのです。すると、挑戦心の強い子どもなどが使おうとしますので、そこをほめるようにします。

このようにして、言葉の指導をしていきます。

あまり強制しないことが肝要です。「使えたらすごいね」くらいの気持ちでいると、子どもも安心して用いることができるようになります。

ここからは、子どもが討論の中で使える言葉を紹介していきます。

合計8種類あります。

これらの言葉について、まずは教師自身が把握しておきましょう。

①接続（前の人の言葉につなげる）

２人目以降の人は、前の意見につなげるようにして発言できることが望ましいです。似た意見を出す場合には、それについて触れながら自分の意見を述べるようにします。また、反論や質問が出された場合には、答える言葉を添えます。

- ～と似ているのですが
- ～につけたしなんだけど
- ～さんが言ったように
- 私も～です。
- ～さんと同じですが
- さっきの意見に答えます。
- ～さんの代わりに答えます。
- ～に答えるんですが

②追求（相手の意見に切り込む）

私は、子どもたちにくり返し次のことを述べています。

「討論とは、『論を討つ』と書きます。意見を発表するだけではいけません。『どうしてそう言えるのか』を問うて、相手の意見に切り込んでいきましょう」

自説を主張しているだけでは、討論にはならないのです。特に、討論を取り組みはじめた頃には、「切りこむ」方法について教えていく必要があります。

意見の最後に、「～か」をつける。そうすると、相手に対しての意見になります。

特に主張を具体的にするためには、「誰」の「どの意見」に対して述べるのかを明確にするとよいのです。

- ～というのなら、～じゃないですか。
- ～という意見に反対なんだけれど
- ○○さんに聞きたいんだけれど
- ○○さんの意見に反対します。

③質問（開かれた質問を重ねる）

相手が答える範囲に制約を設けず、自由に答えてもらうような質問の仕方を、オープン・クエスチョンと呼びます。討論の中でも、相手に投げかけることで、対話の幅を広げることができます。

- **たとえば、どのようなものがありますか？**
- **〜というと、どういうことですか？**
- **つまり、どういうことですか？**
- **具体的に教えてください。**
- **ほかにはありますか？**

④転換（話題を変える）

話題が尽きたときや、新しい自分の主張を述べたいときには、急に舵を切るのではなく、前置きとして一言述べる必要があります。

- **話は変わりますが**
- **話が戻りますが**
- **新しい意見を出しますが**

⑤根拠（根拠を述べる）

意見の根拠となる文や言葉を指摘して、その現物を示しながら意見を発表します。

・○ページの○段落を見てください。ここに、○○○と書いてありますよね。
・○ページの○行目を見てください。○○○と書いてますよね。
・○ページの絵を見てください。○○○がありますよね。

このような言い方によって、意見は説得力のあるものになります。さらに、教科書などの確認をすることにより、討論へ全員参加させることにもなります。

段落で話をするために、あらかじめ段落番号をふっておくようにします。

物語の場合であれば、「場面1」というように、場面にも番号をつけましょう。

説明文の場合であれば、「文」に番号をつけて検討することもあります。その場合「4段落目の3文目を見てください」というように述べます。

⑥確認（事実を確認する）

指名なし討論とは、相手の意見や考えに矛盾はないか、間違いはないか、よく聞いて、その矛盾に立ち向かい、それを取り上げて、さらに自分の考えを出して相手と論を交わす知的操作であると言い換えられます。

問題の質を、より高いところでとらえます。できれば結論を出して、お互いの考えをより深いものに変質させることが求められます。

そこで必要なのは、「事実を確認すること」です。

・～ですよね。
・ということで間違いないですか。
・ちょっと分からないので、もう1回言ってください。

⑦総括（話をまとめる）

特に討論が白熱してくると、意見のまとまりがなくなってくることがあります。そうなると、論点がぶれてしまって、討論の行き違いのようなものが起こります。同じ立場の人の意見を総括したり、まとめたりすることで、論点に対する意見を確認します。

・分かりやすくいうと
・まとめていうと
・ここまでの意見をまとめると

⑧反論（反対側の立場が出してくる主張を予想する）

討論に慣れてきたら、考えをつくる段階で反対側の意見にどのようなものがあるかを予想させるようにします。それに対する反対意見を書いておきます。

交流の場面では、反対意見を聞く機会がありますので、そういうところで反対側の意見に対する準備を進めておくのです。

また、自分の主張に対する反論も予想しておきます。自分の主張に対して、どのような意見が出されるかを予想しておきます。自分ではなかなか思いつかないので、交流の際に友達から指摘してもらって、それを元に論を固めていきます。

こうすることによって、討論の中で指摘を受けた後、スムーズに反論し返すことができるようになります。

・～という意見がありましたが、～ではないですか。
・さっきの〇さんの意見に対して答えます。
・もしも～なら～
・もしも～としても～

コラム4 「べき」の有効活用

討論を、より真実味のあるものにしていくのであれば、発問の中に効果的な言葉を用いてみましょう。それは、「べき」という言葉です。語尾に「べき」をつけると、それだけで討論らしくなります。

たとえば、手品師の例でいえば、「あなたなら、手品師と男の子、どちらの方へ行きますか?」と尋ねられても、「ぼくは、男の子の方へ行きたい」「私なら、手品師の方へ行きます」という意見の発表会になってしまいます。これでは、討論として成立しません。

しかし、「べき」を使うと、そこに主張が生まれます。「手品師は、大劇場と男の子、どちらの方へ行くべきでしょうか?」という発問を受けたら、「手品師の方へ行くべきだ」「いや、男の子の方へ行くべきだ」という主張が生まれます。意見の対立が生じて、活発な議論が交わされることになるのです。

「べき」を語尾につけること。これだけで、討論の質が変わります。討論を活性化させたいならば、発問への一工夫を加えてみましょう。

6章 時間配分

1時間で授業する場合

》簡易な討論は1時間で

指名なし討論は、1時間（45分）で授業することも可能です。話し合いの目安としては、次のようになります。なお、時間配分は、あくまでも大体の目安ですので、この時間通りに守って進めるわけではありません。

①教材について知り、自分の考えをつくる（10分）
②討論（30分　A派10分、B派10分、自由討論10分）
③まとめ（5分）

1時間の場合だと、授業としては、かなりハイペースで進めなければいけません。どれだけ①の時間を短くまとめられるかがカギになります。1時間だと、「もう少し話し合いたかったたな……」となることが多いものです。

2時間で授業する場合

≫じっくり話し合わせたいなら2時間で

深い討論をしようと考えるのであれば、2時間程度の時間を設けることが必要になります。単元の時数と討論の質を鑑みれば、2時間が討論の基本といえます。たとえば、社会「中世は武士の時代か、民衆の時代か」、国語『注文の多い料理店』で、なぜ紙くずのようになった二人の紳士の顔はもとどおりにならなかったのか」などのテーマが考えられます。2時間で終える目安として、次のような時間配分が考えられます。

・1時間目…①教材について知る（10分）
②意見を出し合う（10分）
③立場を決める（5分）
④自分の考えを持つ（10分）

⑤友達と意見交流する（10分）
・2時間目…⑥討論する（40分　A派10分　B派10分　自由討論20分）
⑦まとめ（5分）

討論の質としては、1時間で行うよりも、2時間で実施する方が確実に深まりがあります。話し合いの時間を多く設けることができるからです。2時間続きで授業してもよいのですが、異なる日に2回の授業を行うことをオススメします。

なぜそのようにするかというと、日をまたぐと、「家での時間」があるからです。

子どもは、家でも討論に備えることができます。討論に備えることを宿題に指定する必要はありません。「お家で調べたり、お家の人と話し合ったりしてきてもいいんだよ」というように一言伝えておくだけでよいのです。

自分でパソコンやタブレットを用いて調べてくる子どももいれば、親に相談してくる子どももいます。場合によっては、親と討論を交わして来る子どももいます。

そういうことから、2時間に分けて授業することの価値があります。

3時間で授業する場合

討論そのものを単元の中核にする場合は3時間で

さらに、討論の活動そのものを単元の中心に据える場合には、3時間の討論の授業を行うようにするとよいでしょう。たとえば、総合「地球にやさしい発電方法は何か」や、社会「江戸幕府は開国すべきだった。賛成か反対か」などのテーマが考えられます。

- 1時間目…①教材について知る（10分）
  ②意見を出し合う（10分）
  ③立場を決める（5分）
  ④自分の考えを持つ（10分）
  ⑤友達と意見交流する（10分）
- 2時間目…⑥調べ学習（45分）
- 3時間目…⑦討論する（40分　A派10分　B派10分　自由討論20分）
  ⑧まとめ（5分）

2時間目を、調べ学習の時間とする方法です。特に社会科など、情報を調べることそのものに価値がある場合は、このようにして調べ学習に1時間を設けるとよいでしょう。このとき、できるだけ子どもが情報にふれられるように環境設定することが大切です。次の3つの手だてが考えられます。

手立て1　図書室を開放する

その時間は、図書室を解放しておき、そこで調べ学習してもよいことにします。図書室での探求に際しては、互いに相談したり、意見交流したりしながら進めていきます。

ただ、子どもは「図書室のどこかに問題の正解がある」と考えて、その正解があると思って探そうとすることがあります。そのようにするのではなくて、仮説を立てて、証明するような情報を集めるように促します。

また、タブレットやパソコンなどの機器を持参して、必要な箇所の写真保存を勧めるようにします。

図書室には広い机と自由な行動空間があるので、友達同士の輪の中で意見が発展しやすいのも利点といえます。

手立て2　図書室の本を教室に移動させておく

①のやり方は効果的なのですが、教室と図書室に分かれて作業することになるため、荒れている学級や学校ではオススメできない方法ともいえます。

その場合は、図書室にある関連書籍を、カゴに入れて教室に運びましょう。こうすると、教室で調べ学習をすることができます。移動の心配もいらないので、実現しやすい方法といえます。

手立て3　図書館から関連書籍を借りる

授業実施に合わせて、図書館から関連書籍を借りるのも有効な方法です。地域の図書館には多くの場合、注文をつけると、運んでくれるシステムがあります。たとえば「室町時代の文化関係」というように伝えると、それに関連する書籍だけを集めて、100冊程度運んでくれます。

そういう制度を利用して、ドサリと教室に置いてしまいます。すると、討論の際の情報として、大いに活用することができるのです。

コラム5　複数の意見のまとめ方

本来ならば、「A対B」とか、「○か×か」、「賛成か反対か」というような二分された話し合いが理想的です。でも、討論をしていると、複数の意見が出てくることがあります。意見が複数出された場合は、かなり難しいですが、討論することが可能です。次の2点の進め方をするとよいでしょう。

①「A　対　その他」としてまとめる

たとえば、A、B、C、Dという意見が出されて、Aの立場の人数がもっとも多いとします。その場合は、A　対　その他（B、C、D）という形で討論をします。

黒板に書きまとめるときも、片方はAで、もう片方はその他、というようにします。

②はじめから最後まで自由に話し合う

かなり高度な討論ですが、解釈が人によってまったく異なるようであれば、はじめから最後まで、発表も自由、反論も自由という討論にしてしまうこともできます。全員の意見がバラバラであり、はじめから最後まで指名なし討論をすすめていくのは、指名なし討論の究極形ともいえるでしょう。通常の指名なし討論が十分に熟練してきたならば、挑戦してみてもいいかもしれません。

7章

トラブル対応

意見が出ないとき　↓　ジッと待つ

》子どもの知性を信頼する

多くの教師は、「沈黙」が苦手です。子どもたちが黙ってしまって、教室がシーンとなると、「何か話さないと」と考えてしまって、「この点について考えてみようか」などと、よけいな言葉を述べてしまうのです。

討論の授業の中で難しいのは、「待つ」ことです。待つということの中身について、向山洋一氏は**「子どもの知性に対する絶対的信頼」**であると述べています。

子どもが黙ってしまったときは、ひとまず待ちましょう。私の授業では、2分程度であれば、誰も話さずに黙っていることもあります。子どもたちは、自分の意見を練り直しているかもしれないし、友達の意見を受けて考えを改めているのかもしれません。**そのような知性に対して、信頼を寄せるようにするのです。**そうすると、沈黙も苦ではなくなります。

出だしで騒然となって進まないとき↓3人を指名する

3人指名でテンポをつくる

指名なし発表、指名なし討論は、はじめに1人を指名するのが基本です。

「指名なしで発表します。はじめに発表したい人？　では、Aさんから始めましょう」というようにして始めるのです。

はじめの1人だけが指名で、その後は指名なしで進めていくようにします。

でも、2人目や3人目の部分でもたついてしまうことがあります。発表したい人が多くなってしまい、うまくリズムがつくれないのです。

出だしがうまくいかなければ、討論が全体的に緩慢になります。だらしのないリズムが生じてしまいます。

そういうときに効果的なのは、３人同時に指名するとうまくいく場合があります。

「指名なしで発表します。はじめに発表したい人？　Aさん、Bさん、Cさんから始めます。どうぞ」

このようにして討論や発表を始めます。

指名された３人は、指名された順に話し始めます。

３人がテンポよく発表していくので、その後も自然な流れで指名なし討論を続けることができます。

出だしさえスムーズに始められたら、その後の指名なし討論もリズムよいものになりやすいのです。

「出だしでいつもモタモタしてしまう」と悩んでいるのであれば、３人前後を指名してから始めるようにしてみましょう。

話す子どもが偏るとき　↓　制限を設ける

》5分間発表を禁止する

多くの場合、討論に参加するのは、学級の中でよく話す発言力のある子どもや、理屈っぽくて生活実感の深いところから考えない子どもとか、思いつきのよい機転の利く子どもが中心となります。

討論のスピードに思考がついていけないような子どもや、じっくりと考える子ども、口の重い子どもなどは、討論に参加できなくなってしまいます。そうなると、さわがしく討論が行われているわりには、あまり質の高いものにならないようになってしまいます。

そういうときは、発表に対して制限を設けるのがよいでしょう。

「より多くの人の意見を聞くために、発表に制限を設けます」と前置きしたうえで、次のいずれかのように伝えます。


「これまでに1回でも発表した人は、5分間発表を禁止します」

「3回以上発表した人は、ここから5分間黙っていてください」


回数は、その討論の状況に応じて決めるとよいでしょう。

タイマーで時間をはかります。

制限をかけられる子どもは、だいたいよく発表する子どもたちですから、このような制限をかけられても、むしろ「ああ、早く意見を言いたい」とか「誰か代わりに言ってほしい！」というようにしてウズウズしながら待っています。

そうしている間に、思考のスピードの遅い子どもや、じっくりと考える子どもが、自分の考えを述べていきます。

ただし、この制限は、頻繁に取り入れるべきではありません。

「話し合いに入りたいけど入れないような子ども」の様子が多く見て取れるようなときに導入するようにしましょう。

うまく終われないとき↓言い残した意見を全て出させる

言い残したことを全て出させる

指名なし討論は、「終わりどころ」を見極めるのが難しいものです。「もっと議論させてあげたい、時間ギリギリまで……」と思えるものですが、時間いっぱいまでやるのはよくありません。教師がまとめたり、討論のふり返りをノートに書かせたりすることを考えると、授業終了時刻の5分前くらいには討論を終えたいところです。

とはいえ、「まだまだ言いたいことがある！」と勢いが止まらないときがあります。

そういうときは、次のように指示します。

「まだ言い残したことがあるという人は、立ちましょう。廊下側の席の人から順番に発言したら座りましょう」

順番に発言して座り、言いたいことを出し切って討論を終了することができます。

発表したいけど参加できない子どもがいるとき↓はじめの発表を勧める

》苦手な人ほどはじめに発表するとよい

発表というのは、一部の人だけができればよいものではありません。学級に集まって学んでいるからには、できるだけ多い人の意見を聞くことができるのが理想です。

そこで、発表を促す声かけをしていきます。

「ここにいる35人、全員が選手になりましょう。観客席にいてはいけません。全員参加、全員発言による授業をつくりましょう」

指名なし討論の特長は、「発表数の多さ」にあるわけですから、全員発表しようと思えば可能なのです。

とはいえ、なかなか発表できない子どももいます。そういう子どもには、次のように話をします。

「発言というのは、話し合いのはじめのうちにやるとよいのです。話し合いが盛り上がってきてから発言するのは、難しいことなのですよ」

イメージがわかないので、たとえ話を交えていくと効果的です。

「車の運転も同じです。高速道路に入ろうとするときには、プレッシャーがかかるものです。後ろから時速100キロもの速さで走ってくるところは入るのは、とても勇気がいるし、危険です」

図を描きながら示していきます。

「でも、高速道路には、始まるところがあります。全部の車が、同じところから走り始めます。ここでは、何のプレッシャーもなく走ることができます。はじめの部分は参加しやすいのです。発表もこれと同じで、はじめが簡単です。白熱しているところで初めて発言するというのは、かなり高度なことなのです。だから、発表が苦手という人ほど、できるだけはじめのうちに発表をするとよいのです」

このように言葉をかけると、発表の苦手な子どもがはじめに発表するようになります。そして、一度発表できると、二度、三度と発表できるようになるものです。「0と1の差」というのは、とてつもなく大きいものだといえます。発表が一度もできない子どもがいれば、無理強いする必要はありませんが、根気強く語りかけ、励ましていきましょう。

発表の声が小さいとき ↓ 音読を重点的にする

母音を意識して声を出す

子どもの声が小さくて、何を言っているのか聞き取りにくいことがあります。声が聞こえなければ、周りの子どもは何を言っているのか理解できません。それでも無視することもできないので、形だけ聞いているふりをすることになってしまいます。

そういう場合は、まず音読の練習をします。声が出ない子どもは、子音だけで話そうとしていることが多いもの。**そこで、音読で母音を意識するように心がけます。**

たとえば、「広い海のどこかに」というフレーズがあれば、「いおいういおおあい」と読みます。先生の後に続けてくり返して、全員で音読をします。

音読でしっかりと声が出せるようになってきたなら、「発表するときは、音読のときの声で話しましょう」と伝えたうえで、討論を始めてみましょう。

発表の長い子どもがいるとき↓結論＋理由で話すようにさせる

》結論から話す

立ち上がったはいいものの、長々と話し続けてしまって、結局何を言いたかったのかが分からない子どもがいます。そういう子どもは、理由を話しているうちに、自分でも何を言いたかったのかを忘れてしまって、支離滅裂な発表になってしまうのです。

そういう子どもは、**「結論＋理由（根拠）」**の順に話すように促しましょう。

長すぎる発表に対しては、途中でさえぎって、次のように言います。

「意見が長すぎて、何を言いたいのか分かりにくいです。もう一度はじめから、結論＋理由の順に伝えるようにして言ってください。10秒以内で」

長く意見を言う子どもは自己主張の強い子どもであることが多いので、少々厳しく伝えてもへこたれず、改善できることが多いものです。優しく、お灸を据えましょう。

全く発表できない子どもがいるとき↓発表の耐性をつくる

≫討論以外の時間で大量に発表させる

間違うことをおそれて、指名なし討論に参加しない子どもがいます。一部の子どもだけが参加して議論が盛り上がっていても、それは話し合いとして良いものとはいえないでしょう。

指名なし討論というのは、かなり能動的な活動です。

意見を持ち、周りの人が立たないタイミングを見て、立ち上がって、発表する。これって、かなり積極的な子どもでないと難しい。「変なことを言ってしまったらどうしよう」とか、ささいなことを気にしているようでは、参加する土俵にすら立てないのです。

そこで大事なのは、「発表への耐性をつくる」ということです。

指名なし討論の授業「以外」では、できるだけ全員に発表させるようにします。

できるだけ毎日、「強制的な指名」を取り入れてみましょう。

どんなことでもかまわないのです。

「○○を見て、感じたことは何ですか」などでよい。

「AかB。あなたはどちらだと思いますか」ということでもよい。

とにかく、自分の意志を表明させるようにするのです。その練習を積むようにするのです。

個人を指名するのではなく、列まるごと指名してしまうのがオススメです。「この列、立ちましょう。前から、意見を言ったら座りなさい」というように指名します。

列指名を、いろいろなパターンでやります。

横列にしてみたり、蛇状にしてみたり。発表させる内容も、答えが明らかなものでもよいし、国語教材の音読1文ずつでもよい。

とにかく、「人前で声を発する」ということに抵抗をなくしていくようにするのです。

毎時間のように意見を強制的に求められて発表するようになれば、発表に対する耐性がつきます。発表することを恐れなくなるのです。

まずは、とにかくたくさん発言させるようにして、人前で意見を言うことに慣れさせる。これが、指名なし討論の前に、子どもたちにやるべきことといえるでしょう。

発表に自信がもてないとき↓全員のノートをチェックする

個別の声かけをする

討論の前には、自分の考えをノートに書かせています。発表できない子どもというのは、自信がない子どもであることが多いのです。だから、自分の考えを書いている間に、教師が個別に声をかけていくようにすると効果的です。特に、討論はじめたてで、子どもたちが自分の意見に自信を持てていないような場合であれば、次のように言います。

「ノートに箇条書きで理由を書きます。１つ書けたら持ってきましょう」

それで、持ってきた子どものノートに赤ペンで丸をつけていきます。

「いいねえ」
「よく考えたね」

「この意見、発表してほしいなぁ」

「これはおもしろいですね。ぜひ、言ってみてください」

「これは、話題になりますよ。発言してみましょう」

「(複数書いてもってきた場合)どれが1番の意見ですか。ぜひ言ってみてくださいね」

「これは、ほかの人も書いていた意見ですが、チャンスがあったら言ってみましょう」


このようにして、子どもの意見に太鼓判を押すようにするのです。

すると、とりあえず「この意見がおかしいのではないか」という不安は払拭されます。**「先生に認めてもらえたわけだから、おかしな意見ではないはずだ」と、自信を持って発表できるわけです。**

1つ書けた子どもは自分の席に戻り、2つ目や3つ目を書きます。

全員がノートを持ってきたところで終了の合図をかけるようにします。

なお、ノートを持たせてくる場合は、行列が混雑することが予想されます。

行列にならないように配慮しながらコメントを伝えていくというのは、かなりのスピードを要します。「丸をつけつつ、読みながら、コメントを伝える」くらいの早さで行いましょう。

討論に対して消極的なとき↓感想文やチャット機能で代替する

》発表できない子どもには課題を与える

前述の手立てを打ってもなお発表できないのであれば、代わりの活動を行わせます。

「討論で発言していないということは、それだけ国語の力が伸びていないということになります。とはいえ、話すことだけが、人にものを伝える手段というわけでもありません。書くことも、手段の1つです。発表できなかった人は、しっかりと自分の意見を書き出しましょう」と伝え、考えを書かせるようにしましょう。

私のクラスでは、討論には参加できないけれども、ノートに出てきた意見を的確にまとめ、それぞれに対する自分の意見を書きこんでいる子どもがいました。

討論と並行してパソコンやタブレットのチャット機能を用いるのもよい手段です。口頭で発表できない子どもには、チャットで自分の言葉を他者に伝えるようにさせましょう。

コラム6　相互指名のメリットとデメリット

指名なし討論と似た方法で、「相互指名」があります。相互指名は、発言した後に、子どもが次の発言者を指名します。次の発言者への指名を意識することによって、聞いている人の方向を向いて話す形になります。

発言したい子どもは、指名してもらうために、発言者の方を見ることになります。発言を聞くことにもなります。**お互いを認め合う関係づくりについて、相互指名は可能性を持っています。**

また、「指名～発表」までに多少の時間がかかる、というのも良さです。この良さというのはどういうことかというと、教師が板書としてまとめていくまでにかかる時間になるのです。

たとえば、指名なし発表や指名なし討論というのは、ものすごいスピードで発表が進んでいくので、教師が板書にまとめていくことがなかなか困難です。子どもの意見をまとめたり、じっくりと可視化したりしたいような場合であれば、相互指名を取り入れるのも1つの手といえるでしょう。

ただし、相互指名は子どもの指名に偏りが生じるところにデメリットがあります。「仲の良い友達同士」ばかりを指名する可能性あるのです。指名する基準は、「友達かどうか」ではなく、「その人の意見が聞きたいかどうか」にしたいところです。

ここで言いたいのは、「何もかもを指名なしにすればよい」ということではない、ということです。

発表の方法は、「挙手指名」「相互指名」「指名なし」の3種類があって、それぞれにメリットとデメリットがあるのです。この3種類をうまく使い分けられるようになることが、授業力向上の鍵になるといえるのではないでしょうか。

8章

指名なし討論テーマ例ベスト40選

ウォーミングアップ編

・旅行に行くなら海？　それとも山？
・ご飯とパン、朝食といえばどっち？
・映画の鑑賞は字幕？　それとも吹き替え？
・ペットを飼うなら犬か猫か
・宇宙人は存在するか
・超能力は本当にあるのか
・ラインの既読スルーはアリかナシか
・不老不死の薬があったら使うかどうか
・友達は多い方がいいか、少ない方がいいか
・時間とお金、どっちが大切か

・制服のベルトは必要ない
・掃除はすべて業者に任せたほうがよい
・本は買って読むべきだ
・今の暮らしより、昔の暮らしのほうがよい
・宿題はあったほうがよい
・ジェットコースターに乗るのはムダなことである
・北海道と沖縄、住むならどっち？
・学校は制服がよいか、私服がよいか
・週休2日制を続けるべきか
・マンションに住むか、一戸建てに住むか

中級編

・好きなものは先に食べるべきか、後に食べるべきか
・『ドラえもん』の主人公はのび太か、ドラえもんか
・高校球児の丸刈り強制は認められるか
・授業中の内職は認められるか
・これから住むなら田舎か、都会か
・男性専用車両をつくるべきかどうか
・学校にスマホは持ってきてもよいか
・人生で大事なのはお金か、愛か
・大人になったらお酒は飲むべきか
・タイムマシンで行くなら過去？　それとも未来？

上級編

・尊厳死を認めるべきか
・ジェンダーオリンピック選手は平等か
・履歴書から学歴の欄をなくすべきだ
・死刑制度は廃止すべきか
・夫婦別姓をすすめるべきか
・邪馬台国は九州に存在していたのか
・日本の救急車は有料化すべきか
・日本は首都機能を東京から移すべきか
・消費税率は上げるべきか
・日本は核兵器を持つべきか

コラム7　場のつくり方

教室で討論をする際には、普段の授業のままで行うこともできます。全員が前向きに座っている状態でも、問題がありません。ただ、より全体での話し合いを深めたいのであれば、「場のつくり方」も考慮するとよいでしょう。

教室の場づくりについては、次の3つが挙げられます。

①教室の真ん中に座っている子の方へ体を向ける

「討論をします。教室の中心、Aさんの方へ体を向けましょう」というように指示して、教室の中心へと体を向けます。こうすることによって、机やイスを動かす手間なく、全体が顔を向き合わせることができます。

②右半分と左半分の子どもを対面にする

「A対B」というように、意見が二分されている場合に有効です。向かい合わせることによって、誰がどちらの意見なのかが明確になり、討論自体が白熱しやすくなります。ただし、意見の人数によって対面させる机の数が変わるため、机移動自体に時間がかかります。

③「コの字」型に机を並べる

コの字型にすることで、中心に体を向けるようにして話し合います。中心を向きつつ、手元にはノートがあるので、話を聞きながら自分の論を深められる良さがあります。

個人的には①が好みです。

特に、日常的な討論において、机の移動をいちいちやるのは時間がかかってしまうからです。ただし、２時間をかけて討論をする場合などにおいては②を用いることもあります。国語で単元を通じて討論を実施するような場合には、教室の座席をはじめからコの字型にしておき、③のようにして実施することもあります。

story 6
指名なし討論は授業技術の一つ
おかげさまで指名なし討論がどんどんできるようになりました
それはよかった
でも、それで満足してないかい？
えっ？
指名なし討論は発表方法の一つにすぎないんだ
例えば君は「挙手発表」が上手にできている授業が優れていると思うかい？
いえ…
そうだろう？指名なし討論はあくまで方法であって目的ではないんだ
指名なし討論を用いて子どもたちにどのような力をつけさせていくのか——…それは、これからの君の教材研究にかかっている
ようやくスタートラインに立ったところなんだよ
これからが大事なんだ一緒に良い授業を作っていこう！
ハイ！
私の授業づくりは、まだ始まったばかりです

終わりに

教師になって2年目になり、国語の研究授業をやることになりました。それで、良い話し合いの方法がないものかと調べました。そこで、「指名なし討論」と出会いました。指名なし討論のCDを買い、雑誌や文献を読みあさり、その指導法を模索しました。指名なし討論は「教師5年の技」と言われているため、おそるおそる取り組みました。実践1年目でも、十分に討論の授業そのものはできました。

ただ、実践1年目で、きちんと授業できるようになるまでには、1月ほどの時間を要しました。

年々、その進め方が上達してきました。

5年も経つ頃には、どんな学級でも2～3日もかければ、指名なし討論ができるようになりました。そういう意味でいうと、確かに「5年の芸」というのはあながち間違いではないかもしれません。

指名なし討論で授業をやると、授業後は討論の話で盛り上がります。子どもたちは黒板の前にやってきて、記録を眺めながら話し合います。

「さっきのAさんの意見、すごかったねぇ」

「やっぱり、この意見についてはおかしいと思う」

「先生が最後に言ったことに反論があります！」


休み時間になっても、議論がずっと続くのです。

そんな授業って、ほかにあるでしょうか。

子どもたちは、本来話し合いが大好きです。

休み時間でも、子ども同士でおしゃべりを楽しんでいます。

指名なし討論は、まるで普段やっているおしゃべりのような形を、授業内で実現する方法です。もっと広まってもよい実践だと思っています。

十数年やってきた今となっては、指名なし討論を抜きにして、授業をつくることができません。それくらい、教育効果の高い実践であると感じています。


そんな価値ある指名なし討論ですが、これまでにおいて、どうやればうまく進めることができるのかを記した文献がありませんでしたので、「入門書」として本書でまとめてみたいと考えました。

本書では、指名なし討論を滞りなく進める方法について述べました。入門書として大切なことは、すべて書き記せたと感じています。

後は、各教科の教材研究が必要です。何を教えたいのか、何を学ばせたいのかというねらいをしっかりと持ち、各教科の学びを捉えて授業を進めましょう。

気をつけてほしいのは、指名なし討論は「発表方法」に過ぎないということです。「挙手指名」「相互指名」「指名なし」とあるように、発表方法の1つにしか過ぎません。「挙手指名ができれば子どもが育つ」ということがないように、「指名なし討論ができれば力が育つ」ということはないのです。

指名なし討論の実施そのものが目的とならないように気をつけてください。

指名なし討論は、限りない可能性を秘めています。

それぞれの教科の真理に近づくために、指名なし討論は欠かせない手段になると信じています。

本書を通じて、話し合うことの喜びを感じられる子どもが1人でも多く増えることを願っています。

参考文献

・児山正明『話し合い・討論の指導』明治図書（1983）
・高橋俊三『話し合うことの指導』明治図書（1994）
・石黒修『「討論」で授業を変える』明治図書（1988）
・魚住忠久『ディベート学習の考え方・進め方』黎明書房（1997）
・貝塚茂樹・関根明伸『道徳教育を学ぶための重要項目100』教育出版（2016）
・荒木寿友『ゼロから学べる道徳科授業づくり』明治図書（2017）
・三好真史『意見が飛び交う！体験から学べる！道徳あそび101』学陽書房（2019）
・石黒修『討論の授業入門』明治図書（1988）
・伴一孝『「向山型国語」で力をつける〈第2巻〉』明治図書（2007）
・堀公俊『ファシリテーション・グラフィック』日本経済新聞出版社（2006）
・『教育科学　国語教育2010年7月号』明治図書（2010）
・石井英真『今求められる学力と学びとは―コンピテンシー・ベースのカリキュラムの光と影―』日本標準（2015）
・落合幸子・築地久子『築地久子の授業と学級づくり』明治図書（1993）
・向山洋一監修・岡田健治・小林幸雄編『だれでもできる指名なし討論の授業』明治図書（1999）
・吉水裕也『ディベートで変わる社会科授業』明治図書（1995）
・杉浦正和・和井田清司『生徒が変わる　ディベート術！』国土社（1994）
・大西忠治『討議・討論の指導技術』明治図書（1991）

・ドナルド・マケイン&デボラ・デイビス・トビー著・香取一昭訳
『ラーニング・ファシリテーションの基本~参加者中心の学びを支援する理論と実践~』株式会社ヒューマンバリュー（2015）
・向山洋一『「やまなし」授業解説完本全6巻』東京教育技術研究所
・加藤公明『日本史討論授業のすすめ方』日本書籍（2000）

論文

・佐藤和彦「福島大学教育実践研究紀要」『討論的授業で国語教室の活性化を―その導入と可能性―』26・1―10頁（1994）
・土屋武志「愛知教育大学教育実践総合センター紀要」『社会科授業における討論の重要性』10・183―190頁（2007）
・佐長健司「全国社会科教育学会『社会科研究』」『社会科討論授業における反論の指導』50・171―180頁（1999）
・佐長健司「全国社会科教育学会『社会科研究』」『社会科討論授業における討論指導の研究』37・82―91頁（1989）
・吉村典浩「佐賀大学教育実践研究」『中学校社会科授業における資料活用と知の融合についての一考察―第3学年討論「国会は、一院制を導入するべきである。是か非か。」の授業分析を通して―』28・383―389（2011）
・森田英嗣・稲垣佳世子「教育心理学研究」『選択肢提示の有無が算数での集団討論の過程と所産に及ぼす効果』45・第2号・129―139頁（1997）
・中山裕之「教育実践学研究」『「自己―他者―自己」との対話により自己を見つめ直す道徳授業の実践―「手品師」の事例による対話を中心とした学習過程を通して―』21・123―136（2016）

プロフィール

三好真史

１９８６年大阪府生まれ。
大阪教育大学教育学部国語専攻卒。
京都大学大学院教育学研究科に在籍。
小学校教師として13年勤務。指名なし討論歴は12年。
メンタル心理カウンセラー。
教育サークル「ふくえくぼの会」代表。
著書に
『学級あそび１０１』『国語あそび１０１』（ともに学陽書房）
『言葉かけ大全』（東洋館出版）
『子どもが変わる３分間ストーリー』（フォーラム・Ａ）など多数。

指名なし討論入門

2023年３月20日　初版　第１刷発行
2023年４月20日　　　　第２刷発行
著　　者　三好真史　
発行者　面屋　洋
発行所　フォーラム・A企画
〒530-0056　大阪市北区兎我野町15-13
TEL（06）6365-5606
FAX（06）6365-5607
振替　00970-3-127184

デザイン　ウエナカデザイン事務所
イラスト・漫画　楠美マユラ
印　　刷　尼崎印刷株式会社
製　　本　株式会社高廣製本
制作編集担当　藤原幸祐

ISBN 978-4-86708-107-5　C0037